www.ingramcontent.com/pod-product-compliance
Lightning Source LLC
LaVergne TN
LVHW050813051026
849532LV00008B/2981
* 9 7 8 9 3 6 9 0 8 6 2 4 5 *

نعتیہ کلام اردو

(انتخابِ کلام)

میر عثمان علی خان

Naatia Kalaam Urdu
by: Mir Osman Ali Khan
Edition: July '2025
Publisher :
Taemeer Publications LLC (Michigan, USA / Hyderabad, India)

ISBN 978-93-6908-624-5
9 789369 086245

کتاب	:	**نعتیہ کلام اردو**
مصنف	:	**میر عثمان علی خان**
صنف	:	شاعری
ناشر	:	تعمیر پبلی کیشنز (حیدرآباد، انڈیا)
سالِ اشاعت	:	۲۰۲۵ء
صفحات	:	٦٦
سرورق ڈیزائن	:	تعمیر ویب ڈیزائن

فہرستِ کلام

نعتیہ کلامِ اُردو

مطلع (مصرعۂ اوّل)

بِسۡمِ اللّٰہِ الرَّحۡمٰنِ الرَّحِیۡمِ

دیباچہ

اعلیٰحضرت آصفِ سابع (جنت مکان) کا کلام بلاغتِ نظام سامنے ہے۔ بے خبری کے عالم میں اس کے اوراق جا بجا سے اُلٹتا پلٹتا ہوں۔ نگاہ الفاظ اور فقروں پر ہے۔ لیکن حافظہ دور دراز ماضی کی تاریخ اور حال کے حادثات کو اس طرح گردش دیتا اور سامنے لاتا ہے، جیسے برسات کے آبلہ پا بادل ہوا کے جھونکوں سے طرح طرح کے خاکوں اور شکلوں میں بنتے اور بکھرتے ہوں۔ سواحلِ مالابار پر عرب تاجروں کا نزول، دکن پر خلجیوں کی تاخت، بہمنی سلطنت کا عُروج وزوال، اُس کے حکمرانوں کی شعروادب و عُلوم وفُنون کی سرپرستی، صُوفیائے کرام کا پیامِ امن واُخوّت، مملکتِ میسور اور حیدر علی

اورٹیپو سلطان کی یوروپین تاجروں اور طاقتوں سے نبرد آزمائی، خاندان آصفیہ کا قیام دربار اور دبدبہ، تہذیب وتمدّن، شعر وادب اور علم وفضل، آخر میں زوال و زبونی، کیسے کیسے اور کہاں کہاں کے مناظر و معرکے صف اندر صف قطار اندر قطار متخیلہ سے گزرنے لگے اور گزر گئے۔ ثبات ایک تغیّر کو ہے زمانے میں۔

تاریخی پسِ منظر، عہدِ آصفی

اعلحضرت کی شاعری دکن میں اُردو شاعری کے اس پس منظر میں دیکھنا ضروری ہے جو تقریباً چار سو سال کی مُدت پر پھیلا ہوا ہے۔ بہمنی دور میں اردو شاعری کا آغاز ہوگیا تھا لیکن یہ برگ وبار لائی عہدِ قطب شاہی اور عادل شاہی میں۔ ایک لحاظ سے اعلحضرت کا کلام اس تاریخی ورثے کی ایک کڑی ہے جو محمّد قلی قطب شاہ، وجہی، غواصی، اور ابن نشاطی کی شاعری کا احاطہ کئے ہوے ہے۔ دکن میں اُردو زبان اور اُردو شاعری دو بڑی لہروں کی شکل میں وارد ہوئیں، اُردو زبان اور شاعری کا نقشِ اوّل قدیم اُردو کی وہ شاعری ہے جس کا تذکرہ ابھی ابھی کیا جا چکا ہے۔ دوسری لہر آصف جاہی خاندان کے ساتھ اٹھارویں صدی کے ربع اوّل میں پہنچی۔ یہ عجیب وغریب

اتفاق ہے کہ یہی وہ زمانہ ہے جب وؔلی اُردو شاعری کا دِیا لے کر دہلی پہنچے جس سے وہاں بے شمار چراغ روشن ہو گئے اور آصف جاہ اوّل "محاورہ شاہجہاں آباد" جلو میں لے کر قدیم اُردو کے "بابُ الدّاخلہ" اورنگ آباد میں نُزول فرماتے ہیں۔اس طرح دکن اور شمال کے درمیان ادبی لین دین کا بازار گرم ہو جاتا ہے۔اُردو اپنے آصف جاہی رُوپ میں دکن کی قدیم اُردو سے خاصی مختلف ہو چکی تھی۔چنانچہ آصف جاہی خاندان کے تسلّط اور حیدرآباد کو دارُالسلطنت بنانے کے ساتھ ہی قدیم اور جدید اُردو کی کشمکش کا آغاز ہو جاتا ہے۔قطب شاہی خاندان کے آخری فرمانروا ابوالحسن تاناشاہ کے کلام کے یہ اشعار ہم پڑھ رہے تھے ؎

تجھ مُکھ کوئی چندر کہتے، کوئی صورتیں انور کہتے
کوئی حُسن کا مندر کہتے، کوئی کچھ کہتے کوئی کچھ کہتے

کہ نظامُ الملک آصف جاہِ اوّل کی شُمالی اُردو کا یہ سُر بلند ہوا۔

گالی نہ کہو کوئی مرے دلبر کو حسد سے
مجھ دل کے گلے میں یہ دُعائے یمنی ہے

آصف جاہ اوّل کے فرزند اور جانشین نے اس لہجہ اور اسلوب کو اپنے کلام میں جاری و ساری رکھا ؎

چشمِ بد دور دلبراں سارے
اپنے ناصر کو پیار کرتے ہیں

نظام الملک آصف جاہ ثانی اور بعد کے آنے والے حکمرانوں نے تحقیقی کارناموں کی طرف توجہ نہیں کی لیکن یہ انھیں کی ادبی سرپرستی کا طفیل تھا کہ ارسطو جاہ، چندو لال شمس الامرا، مختار الملک اور یمین السلطنت مہاراجہ کشن پرشاد جیسے سخنور اور سخن سنج پیدا کیے۔ جن کی شعروادب سے شیفتگی، اربابِ کمال سے شغف نے، شاہ تجلی، ماہ لقا بائی چندا، شیر محمد ایمان، محمد صدیق قیس، اور میر شمس الدین محمد فیض جیسے صاحبانِ سخن کو بامِ عروج پر پہنچایا۔ دوسری طرف والیانِ دکن کی "قدرِ سخن" اور "کشش کاف کرم" نے شاہ نصیر، حفیظ دہلوی، داغ، امیر، فانی اور جلیل وغیرہ کو اس طرح کھینچا کہ بیشتر یہیں آسودۂ خاک ہوئے۔

اعلیٰحضرت سلطان العلوم کا عہد اس اعتبار سے ممتاز ترین قرار پاتا ہے کہ اس میں اُردو کو نہ صرف سرکاری اور علمی سطح پر وقعت نصیب ہوی بلکہ اعلیٰحضرت کے

دَورِ حکومت میں حیدرآباد اُردو شاعری اور ادیبوں کا ماویٰ وملجا اور بڑا اہم مرکز بن گیا۔ ملک بھر سے ادیب، شاعر اور اہلِ کمال جوق در جوق حیدرآباد "اُردو بُنیاد" کی محفلوں میں آنے لگے۔ اعلیٰحضرت نہ صرف سخن فہم تھے بلکہ سخنداں بھی تھے، جس کا ثبوت اُن کا پیش نظر کلیات ہے۔ سُلطان العلوم اُردو شعر کی عظیم روایت کے محافظ اور ضامن تھے، ان کے کلام میں اس روایت کے پرتو کا پایا جانا لازمی تھا۔ تشبیہ و استعارہ، محاورہ، روزمرہ اور زبان و بیان کے اعتبار سے اعلیٰحضرت کے کلام میں اُردو کے مُستند و معرُوف غزل سراؤں کی بازگشت ملتی ہے یہ اس کی واضح دلیل ہے کہ اعلیٰحضرت کا مُطالعہ گہرا اور نظر وسیع تھی اور وہ ہر گُلستان سے گلچینی کر سکتے تھے۔ مثلاً۔

نیا یہ ڈھنگ نکالا مری عیادت کا
وہ دیکھ کر مرے زخموں کو مسکراتے ہیں

☆

مئے گلرنگ کی ہے جلوہ گری شیشے میں
بند کی ہے مرے ساقی نے پری شیشے میں

بات میں بات کیا نکالی ہے

اُس کی جو بات ہے نرالی ہے

☆

رُخسار و چشم یار کی تصویر دیکھنا

نرگس کے پھُول باندھ دیئے ہیں گلاب میں

☆

اس قدر کھُب گئی آنکھوں میں یہ صُورت تیری

اب کسی کو بھی نہ ہم تیرے سوا دیکھیں گے

☆

تری نظر سے ترا مُدعا سمجھتے ہیں

نظر شناس تری ہر ادا سمجھتے ہیں

☆

بعض معروف غزل گویوں پر اعلحضرت کی نظر خاص طور پر مرکوز تھی۔

یہ مصرعے مُلاحظہ ہوں:

در و دیوار پہ حسرت سے نظر کرتے ہیں

مٹے عاشقوں کے نشاں کیسے کیسے

☆

حقیقت خود کو منوالیتی ہے مانی نہیں جاتی

☆

بادہ جب تک ہے فروغِ جام ہے

☆

یہ بات گُل کو بہت ناگوار گزری ہے

☆

زندگی نام ہے مر مر کے جئے جانے کا

☆

جیسے قرآن پسِ توریت و زَبور و انجیل

☆

زبان و بیان کی صحت، سلاست اور صفائی

زبان کی صحت، صفائی اور سلاست کا اہتمام ہر ترقی یافتہ زبان میں ملتا ہے اور کہا جاتا ہے۔ سب سے پہلے اس کی ضرورت شاعری اور موسیقی کے لئے محسوس کی گئی ہوگی۔ جن کے حُسن کا بہت کچھ دار اِس عل پر ہے اس کے بعد نثر میں بھی اس

کا لحاظ رکھا جانے لگا۔ زبان و ادب کے ارتقا اور ترقی میں یہ عمل مُسلسل ہوتا رہتا ہے۔ گفتگو اور تحریر میں اس کا خاص طور پر لحاظ رکھتے ہیں کہ زبان کس درجہ صحیح، صاف، سلیس، سادہ اور خوبصورت ہے۔ اُردو شاعری کو جو نسبت عربی اور فارسی سے رہی ہے، اس سے کچھ کم دخل اس کی ابتدا، ارتقا و عُروج میں ہندوستان کے فلسفہ، مذہب، شعر و ادب، فُنونِ لطیفہ، یہاں کی سرزمین، یہاں کے لوگ، اُن کے رہن سہن اور روایات کو نہیں رہا ہے۔ اس طرح اُردو کی ہیئت، مزاج، معیار اور نشو و نما میں جتنے اور جیسے عوامل دخیل رہے ہیں وہ کم زبانوں کے حصّے میں آئے ہوں گے۔ ایشیا کو مذاہب کا گہوارہ مانا گیا ہے، تہذیبوں کا سرچشمہ بالعموم مذاہب رہے۔ ہیں۔ مذاہب اور عبادت کی زبان کا اسلوب بالعموم شاعرانہ اور خطیبانہ ہوتا ہے۔ یہی سبب ہے کہ ایشیائی شعر و ادب میں شاعری اور خطابت کا رنگ بالعموم نمایاں رہا ہے۔ اس کا ایک اور اہم سبب یہ ہے کہ اس کی ترقی کا زمانہ سلاطین اور صنادید کے درباروں بالعموم ان کے زوال کا زمانہ ہوتا ہے اور درباروں اور حکومتوں کا زوال اُن کی تہذیب اور شائستگی کے نقطۂ عروج سے شروع ہوتا ہے اس لئے اُردو شعر و اد

میں تکلفات کا اہتمام زیادہ ملتا ہے۔ زبان کی صحت و صفائی کا ایک بڑا فائدہ یہ ہے کہ کلام میں فکر، جذبہ اور تخیل کا عنصر کم یا برائے نام ہو، جب بھی وہ محض حُسنِ بیان کے اعتبار سے دل نشین ہو جاتا ہے اور کلام کا دل نشین ہونا کلام او صاحبِ کلام دونوں کا بڑا قابلِ قدر کارنامہ ہے، ان بیانات کی روشنی میں اعلیٰحضرت کے کلام سے ذیل کے اشعار پیش کئے جاتے ہیں:

آہوں میں کچھ کمی نہ ہوی داغِ عشق میں تھا یہ عجب چراغ کہ روشن ہوا میں تھا

آتا ہے تُو نہ جان نکلتی ہے ہجر میں تیری طرح سے بھول گئی ہے قضا مجھے

ناز و ادا سے آپ کا آنا تو دیکھئے تعظیم کو کھڑی ہے قیامت بھی راہ میں

جوابِ چشمِ جاناں کیوں نہ ہو تیری زباں عثماں اُدھر جادو نگاہی ہے اِدھر جادو بیانی ہے

حال پر میرے شام ہی سے کہیں چاک دامن سحر نہ ہو جائے

خود جفا و وفا پہ غور کرو اُس میں کچھ فائدہ ہے یا اس میں

ہمارے عشق کا افسانہ اکثر وہ سنتے ہیں رقیبوں کی زباں سے

ابھی ہو رہی ہے عید کیسی آج مقتل میں کوئی بسمل سے ملتا ہے کوئی قاتل سے ملتا ہے

خدا جانے کیا کیا کرے گی نہ رسوا یہ چاہت ہماری یہ صورت تمہاری

حقیقت کھُول کر اک دن رہیں گے　　یہ آنسو جو ہیں چشمِ رازداں میں

اندازِ یہ ستم کے تجھے تھے کہاں نصیب　　میری وفا نے تجھ کو جفاکار کر دیا

جب حالِ دل کہا ہے ملا ہے یہی جواب　　کچھ اور کہیئے ذکر یہ سو بار ہو گیا

مُحبت خدا جانے کیا رنگ لائے　　سُنا ہے تمہیں بھی خبر ہوگئی ہے

عشاق یہاں یگانہ و بیگانہ کون ہے　　جس رُخ کو دیکھتا ہوں وہی رُوئے یار ہے

جو کچھ دیکھا شبِ ہجراں خُدایا　　نصیبِ دُشمناں یہ خواب کر دے

سفرِ عمر میں تیری ہی بدولت اے عشق　　ہم نے ہر منزلِ دشوار کو آساں دیکھا

اے شیخ بحث کیجیے لیکن ادب کے ساتھ　　حضرت سے آپ، آپ سے تم، تم سے تو نہ ہو

فنا کے بعد بھی مجھ کو یہ خوف رہتا ہے　　کہیں نہ زیرِ زمیں بھی ہو آسماں پیدا

جور و جفا میں کوچۂ قاتل کی دُھوم ہے　　یہ سرزمین بھی رنگِ آسماں ہے اب

ہم سے قفس نصیب کو صیاد کیا خبر　　باقی ہیں کچھ بہار کے دن یا گزر گئے

میکشو عیش اُٹھا لو کہ بہار آخر ہے　　جلوۂ مے ہے چراغِ سحری شیشے میں

ہزار گردشیں کرتا رہا فلک لیکن　　جہاں میں آج وہی انتظام باقی ہے

جینا بھی اس کے ساتھ ہے مرنا بھی اس کے ساتھ دُنیا قیام گاہ نہیں رہگزر تو ہے

کچھ سمجھ میں نہیں آتا یہ مُعمّہ عثمان عمر معلوم نہیں جاتی ہے یا آتی ہے

یہ تاثیر بھی دل دُکھوں کی سنو خموشی بھی دیکھو زباں ہو گئی

کسی کو آپ کے وعدے سے کیا تسکین ہو عثمان کہ فردائے قیامت آپ کا اقرار فردا ہے

اعلحضرت کہیں کہیں داغ کے رنگ کو اپنانے میں نُمایاں حد تک کامیاب ہوے ہیں

یہ اشعار ملاحظہ ہوں ؎

الٰہی خیر ہو بدلے ہوے ہیں یار کے تیور ستم آیا، غضب آیا، بلا آئی قضا آئی

نگاہیں قہر ڈھاتی ہیں ادائیں دل لُبھاتی ہیں قیامت جس کو کہتے ہیں تری اُٹھتی جوانی ہے

آنکھوں میں اثر مے کا ہے لغزش ہے قدم میں یہ تو کہو اس شان سے آتے ہو کہاں سے

نہ ظالم باز آ، جور و جفا سے اگر ہم مر گئے تیری بلا سے

یہی دل چاہتا ہے سامنے ہر دم یہ منظر ہو کوئی گردن جھکائے ہو کوئی مائل بہ خنجر ہو

ہماری جان گئی تیری دل لگی ٹھیری سکھایا کس نے ادا کو تری قضا ہونا

جان جاتی ہے مری ناز و ادا سے پہلے غمزہ ڈھاتا ہے ستم تیغِ جفا سے پہلے

رعایت و مناسبات

حُسن کاری و حُسن آفرینی شعر و ادب اور فنونِ لطیفہ کے لوازم ہیں۔ یہ تہذیبی زندگی کے تقاضے بھی ہیں اور اس کے انعام بھی۔ امن اور آسودگی کے دور میں یہ رُو بہ ترقّی ہوتے ہیں لیکن یہی امن و آسودگی، تعیّش و طرب ہوس ناکی میں بدل جائے تو زندگی تب و تاب سے محروم ہونے لگتی ہے اور تہذیب مجہول اور مُعطّل ہو کر بے جان و بے اثر ہو جاتی ہے۔ وحشی قبائل اور جانوروں کی پناہ گاہوں سے لے کر اجنتا اور ایلورا کے غاروں تک اور وہاں سے شروع ہو کر سائنس اور ٹکنالوجی کی موجودہ فتوحات تک ہماری زندگی جن طریقوں، راستوں اور آزمائشوں سے گزرتی ہوئی موجودہ دور تک پہنچی ہے وہ اسی داستان کے شب و روز ہیں۔ دربار اور دبستانِ لکھنؤ کی اُردو شاعری، حُسن کاری اور حُسن آفرینی کے انھیں منازل سے گزری ہے۔ انسان کا ذوق اور ذہن ان سے ضرور گزرتا ہے لیکن گزر جاتا ہے۔ ٹھیرتا نہیں۔ اور یہی ہونا چاہیئے۔ ورنہ حُسن کاری اور حُسن آفرینی تخلیقی عمل نہیں رہ جاتے بلکہ مُعطّل اور بے جان ہو جاتے ہیں۔ اور زندگی کا سیلِ رواں ان کو خس و خاشاک کی طرح بہا لے جاتا ہے۔ شاعر جب یہ کہتا ہے ؎

مشاطہ را بگو کہ بر اسبابِ حُسنِ یار چیزے فزوں کند کہ تماشا بہ مارسد

تو اسی ابدی حقیقت و بشارت کی طرف اشارہ کرتا ہے۔

لکھنؤ کے اس عہد میں صنائع بدائع اور دوسرے تکلفات اُردو شاعری کا وسیلہ نہیں مقصد سمجھا جانے لگا۔ اس سے ہر صنفِ کلام کو نقصان پہنچا۔ زندگی نے یکسر اور یک بیک پلٹا نہ کھایا ہوتا تو اُردو شاعری مدتوں ان کی گرفت سے آزاد نہ ہو سکتی۔ لکھنؤیوں بھی زمانہ اور زندگی کی شاہراہ (فورٹ ولیم، لکھنؤ، علی گڈھ، دہلی اور لاہور) جس محور پر تھا وہاں تکلف اور تصنع کی شاعری دیر تک قائم نہیں رہ سکتی تھی۔ حیدرآباد اس شاہراہ اور منطقہ سے بہت دور اور الگ تھا۔ شاید اسی سبب سے اعلیٰحضرت کی شاعری کا انداز اور اسلوب زیادہ تر وہی رہا جو لکھنؤ کا تھا۔ ساتھ ہی ساتھ اس پر تعجب بھی ہوتا ہے کہ ایسا کیوں ہوا۔ جب اعلیٰحضرت کی شاعری کا دور حیدرآباد ہر اعتبار سے عہدِ زریں تھا۔ جب دورِ آصفی اور عثمانیہ یونیورسٹی کی کشش سے ہندوستان کے کتنے منتخب روزگار وہاں یکجا ہو گئے تھے۔ یہ اشعار ملاحظہ ہوں ؎

یہ بھی درازئ شبِ ہجراں کی ہے دلیل جو شام سے تصورِ گیسوئے یار ہے

کام تو نے یہ عجب غیرتِ شمشاد کیا داغ لالے کو دیا سرو کو آزاد کیا

مثلِ پروانہ جلائے ہیں دلوں کو کیا کیا شعلہ رُویوں نے بھی اندھیر مچا رکھا ہے

سُلجھتی ہی نہیں گُتھی ہمارے بختِ خُفتہ کی تری زُلفِ سیہ نے بھی بلا کے پیچ ڈالے ہیں

افشاں جما کے تم نے یہ اندھیر کر دیا گرنے لگے زمیں پہ ستارے نئے نئے

جبینِ یار کی افشاں سے صاف ظاہر ہے قمر کے گرد ہے ہالہ کئی ستاروں کا

عثمانؔ ہوئی ہیں عشق میں کیا کیا مُصیبتیں اس مختصر کی مجھ سے طوالت نہ پوچھئے

گھٹا سمجھو نہ اس کو بادہ نوشو ہجرِ جاناں میں سرِ گلشن مرادودِ جگر بن کر سحاب آیا

کسی نے دستِ حنائیؔ سے پونچھ کر آنسو لگا دی آگ مری اشکبار آنکھوں میں

گھونٹ پیتے ہیں لہو کے زاہدانِ خشک بھی جُرعہ جُرعہ میکشوں کی بادہ خواری دیکھ کر

صبحِ عشرت اپنی یاں شامِ جُدائی ہو گئی زُلف کو عارض پہ کیوں تو نے پریشاں کر دیا

مرا خونِ تمنا رفتہ رفتہ رنگ لایا ہے کہ رنگت دستِ نازک کی حنائی ہوتی جاتی ہے

عثمانؔ تو کر چکا ہے ہزاروں کا امتحاں بے شر ہوں جو کہ ایسے بہت کم بشر ملے

غیر کو مدِ نظر کیوں ہے اُٹھانا میرا نہ تو چلمن نہ نقابِ رُخِ جاناں ہوں میں

کسی سے دل جو لگا ہو تو سمجھیں اے عثماںؔ ہمارے دل کی لگی کو وہ کیا سمجھتے ہیں

شاعر اپنی میزان میں

شاعری بالخصوص غزل گوئی میں شعرا غمِ دوراں اور غمِ جاناں کے ساتھ ساتھ اپنے بارے میں بھی کچھ اعلان و اعتراف کرتے رہتے ہیں جو شاعر کے تجربے، تخیُّل یا تاثُّر کا خُلاصہ ہونے کے باعث اس کی شخصیت اور شاعری کی قدر و قیمت مُتعین کرتے ہیں کلام یا حاصلِ کلام کا اختتام شُعرا اکثر اپنے تخلُّص پر کرتے ہیں اور یہ اظہار ہوتا ہے۔ اس امر کا کہ ایک خاص موقع یا محل پر زمانہ، زندگی یا اپنے بارے میں اس کا نقطہ نظر کیا تھا اس سے اس کے ذوق اور ظرف کا اندازہ لگاتے ہیں۔ مقطع، نظم کا نقطۂ عروج اور شاعر کے فکر و نظر کی رسائی یا نارسائی کا پیمانہ یا پیمائش ہوتا ہے اور اس میں "سخن گسترانہ بات" کا آنا لازمی ہے۔ اعلٰحضرت کے کچھ مقطعے مُلاحظہ ہوں ؎

عثماںؔ بھی شاعری میں بڑا نام کر گیا گو اک سے اک بڑھا ہوا خلقِ خُدا میں تھا

عثماںؔ طمع رہی نہ کسی بات کی مُجھے سب کچھ ہے میرے پاس خُدا کا دیا ہوا

ہمیشہ رہے فضلِ خالق سے عُثماںؔ ریاست تُمہاری حکومت تُمہاری

مجھے شاہد پرستی سے نہیں انکار اے عثماں نہ عابد ہوں نہ زاہد ہوں نہ عالم ہوں نہ فاضل ہوں

علوم مشرقی کی آج عثماں توجّہ نے تری وقعت بڑھا دی

دور پر دور ہیں عثماں مے گلگوں کے مدام شرم آتی نہیں کہتے ہو مسلماں ہوں میں

اشارے پر ترے چلتا ہے چرخ کہن عثماں موافق ہو ترے اقبال سے گردش زمانے کی

حمد و نعت و منقبت

ان اصناف میں شاعر، خدا، رسول اور آئمۂ اطہار کے حضور میں اپنی عبودیت اور عقیدت کا نذرانہ پیش کرتا ہے اور جو مہم یا مقصد سامنے ہوتا ہے اس کے لئے ہمت، رہبری اور کامیابی کا خواستگار ہوتا ہے۔ یہ رسم زمانۂ قدیم سے چلی آتی ہے۔ جب ہر اچھے کام یہاں تک کہ روزانہ کے معمولات شروع کرنے سے پہلے غیب کی اعلیٰ اور عظیم طاقت یا طاقتوں سے تائید و نصرت کی دعا مانگی جاتی تھی۔ آج بھی یہ رسم یا طریق کار نامقبول نہیں ہے اب سے پہلے فارسی یا اردو کا ہر شاعر اپنے ان معتقدات یا ماورائی حقیقتوں کا احساس و اقرار کرتا تھا جو اللہ یا اسلاف سے پہنچی تھیں۔ اس طرح شاعر ایمان بالغیب یا اقتدار اعلیٰ کی پیروی کا اپنے کو پابند اور

اس کو اپنے لئے باعثِ امتنان و افتخار جانتا تھا۔ اور تقویم احسن کی بشارت کا اپنے کو سزوار بناتا تھا۔ حمد و نعت اور منقبت کے اصناف میں فارسی اور اُردو کے اچھے سے اچھے شُعرا نے طبع آزمائی کی ہے اور اس کے امام مانے گئے ہیں۔ غالبؔ کے زمانے تک اردو شاعری کا معیار و منزلت زیادہ تر کبھی کبھی غیر شعوری طور پر فارسی سے متعین ہوتی رہی۔ چنانچہ حمد و نعت و منقبت میں غالبؔ نے جو کچھ کہہ دیا ہے وہ ان کے عہد تک ادب، اخلاق اور اعتقاد (نعتیہ کلام) پر حرف آخر ہے۔ میرؔ اپنے مشہور شعر

میرؔ کے دین و مذہب کو کیا پوچھتے ہو ان نے تو
قشقہ کھینچا دیر میں بیٹھا کب کا ترک اسلام کیا

کے مُصنّف ضرور ہیں لیکن یہ شعر اپنی تمام عبارت، اشارت اور ادا کے ساتھ غالبؔ پر صادق آتا ہے اور یہ دونوں کے بڑے ہونے کی نشانی ہے۔ غالبؔ کے بعد جن بڑے نعت گویوں کا دور آیا، گو نعت گوئی نہ ان کی شاعری کا مقصد رہا ہے نہ موقف۔ یعنی شبلیؔ، حالیؔ اور اقبالؔ انھوں نے حمد و نعت کو ایک نئی فضا اور ایک نئی جہت دی، چنانچہ اب یہ اصناف شاعر سے عشق ہی نہیں، عقل کے بھی طلبگار

ہوتے ہیں۔ گو حمد و نعت میں عشق اور عقل کو بیک ناقہ دو محمل کہنا معمولی کام نہیں ہے۔ اعلیحضرت کے اُردو کلام (نعت و منقبت) میں جو والہانہ عقیدت اور زبان و بیان کی بے ساختگی ملتی ہے، اس کی چند مثالیں پیش ہیں:

حمد

دل کو خُدا نے اپنی مُحبّت سے بھر دیا
تسبیح کو زبان دی سجدے کو سر دیا

نازاں ہیں اس عطا پہ غلامانِ مصطفٰے
ہم کو دیا رسولؐ تو خیرُ البشر دیا

کس مُنہ سے شکرایزدِ باری ادا کروں
ناچیز تھا سو اس کو بھی اک چیز کر دیا

ہر درد ہر بلا سے بچانے کے واسطے
تاثیر دی دُعا میں دوا میں اثر دیا

عثماںؔ یہ اُس کا فضل ہے تجھ پر کہ بے سوال

نعمت سے اپنی دامنِ مقصود بھر دیا

☆

قطعات

مستِ نگاہِ ناز ہوں ساقیٔ بے نیاز کا

قبلہ گیا ہوں بھول میں رُخ ہو کدھر نماز کا

دل کو نظارۂ حرم مدِ نظر ہے اے خدا

سُرمہ نصیبِ چشم ہو گردِ رہِ حجاز کا

☆

تاثیر کچھ عجیب ہی ذکرِ خُدا میں ہے

لذّت ہر اک نَفَس میں فنا و بقا کی ہے

صوتِ الست ہے جو بھری گوشِ ہوش میں

تسبیح رات دن ہمیں قالُو بلیٰ کی ہے

نعت شریف

کچھ حاجتِ رہبر نہیں طیبہ کے سفر میں

دل آگے چلا جاتا ہے رہبر سے نکل کر

☆

کاتبِ اعمال نے پا کر اشارہ آپ کا

طاقِ نسیاں پر مرے عصیاں کا دفتر رکھ دیا

☆

اُڑ جائے وہ عشاق طرفِ گلشنِ طیبہ

جس وقت نَفَس ٹوٹے مرے طائرِ جاں کا

☆

آستانِ مصطفیٰؐ پر میں نے جب سر رکھ دیا

رحمتِ باری نے اپنا ہاتھ سر پر رکھ دیا

☆

جلوۂ دینِ مُبیں قرآں میں ہے

رُوئے احمد قلب میں اور جاں میں ہے

☆

شبِ معراج کو جب سرورِ عزت مآب آئے

سریرِ عرشِ اعلیٰ کی طرف والا جناب آئے

اِدھر نازل ہوا فرقاں میں سُبحانَ الّذی اَسریٰ

اُدھر اک دم میں جا کر صاحبِ اُمّ الکتاب آئے

☆

سب رسولوں پہ ہے یوں ختمِ رسلؐ کو تفضیل

جیسے قرآں پسِ توریت و زبور و انجیل

قدِ بے سایہ ہے شاہد کہ شہِ طیبہ کا

نہ ہے ثانی نہ ہے ہمسر نہ ہے کوئی تمثیل

☆

حضورِ پاک میں نذرانۂ صلِّ علیٰ کیجے
صفات و نعت لکھئے مدح و تحسین و ثنا کیجے
کمالِ دین و ایماں کی اگر خواہش ہے اعظمؔ
خدائے پاک سے حبِّ نبیؐ کی التجا کیجے

☆

تاج ہے فرقِ نبیؐ کا فتدلّیٰ کیا ہے
قابَ قوسین سے ظاہر ہے کہ رُتبا کیا ہے
منکرِ قولِ شفاعت سے یہ پوچھے کوئی
معنیٔ آیتِ یُعطِیکَ فترضیٰ کیا ہے

☆

سلام

ثنائے اہلِ بیتِ مصطفیٰؐ میں فکر حیراں ہے
کہ خود تطہیر کا جن کے وثیقہ نصِّ قرآں ہے

خصوصاً نورِ عینِ خاتمِ پیغمبراں یعنے

حسینؑ ابنِ علیؑ اس شاہِ دیں کا نامِ ذیشاں ہے

وہ کانِ منقبت بحرِ فضیلت مظہرِ رحمت

شہادت مفتخر ہے اور امامت ان پہ نازاں ہے

☆

خُدا کی شان اِک قطرہ نہ پہنچا حلق تک شہؑ کے

مگر ہے تیغ کا پانی کہ اونچا ہو گیا سر سے

قیامت ہو گی برپا اور میدانِ قیامت میں

اُٹھیں گے ہم جو آنسو پونچھتے میدانِ محشر میں

☆

کھینچ دُوں نقشہ جو ہم شکلِ نبیؐ کا شعر میں

داد دے بہزاد مجھ کو مان لے مانی مجھے

☆

آفریں عثماںؔ سلام ایسا لکھا تو نے جسے

دیدۂ حیرت سے سب مُعجز رقم دیکھا کئے

☆

منقبت و متفرقات

چمکا ہے دین حق کا رسالتمآبؐ سے

پھیلا ہے علمِ دینِ مُبیں بوترابؓ سے

عظمت میں دونوں بھائی کی عثماںؔ میں کیا کہوں

معلوم ہو گیا مجھے اُمُ الکتاب سے

☆

رنگ پر فصلِ بہاری میں گلستاں ہوں گے

دلِ مُرغانِ چمن میں بھی تو ارماں ہوں گے

دیکھنا تیری مدد کے لئے عثماںؔ ہر آں

ساتھ حسنینؓ کے سُلطانِ خُراساںؒ ہوں گے

جز مرتضیٰؑ نبیؐ کا تھا کوئی نہ جانشین

فتوے میں ہے شریک خُدا کی کتاب بھی

☆

رُتبہ ملا علیؑ کو ہے ربِّ قدیر سے

روشن ہوا ہے نام بھی اسمِ کبیر سے

☆

سُن لو کہ جانشینِ پیمبر علی ہوئے

اعلان بھی ہوا ہے یہ خُمِ غدیر سے

مولا علیؑ کے لب پہ تھا مصحف رواں دواں

سیکھا اُنھوں نے علم خدائے قدیر سے

☆

شرحِ اوصافِ علیؑ سے نہیں خالی عثماںؔ

کوئی آیت بھی ذرا دیکھ لے قُرآں میں نہیں

خود بخود دیکھ علیؑ کا جو وصی تھے برحق

نامِ پاک اُن کا زبانوں سے نکل جاتا ہے

☆

خوشا بحال بروزِ حساب اے عثماں

شفاعت اپنی امام ہُمام کریں گے

☆

قطعات

دَور میں ساغرِ شراب آیا کیف بھی آج بے شمار آیا

لُطف تھامے کا کہتا ہے ساقی رُوئے پیری پہ بھی شباب آیا

☆

مے ہے سُرور و نغمہ ہے اور شب برات ہے یہ نعمتیں بھی دیکھو مُقدّر کی بات ہے

عقل و خرد سے پُوچھ لے اس راز کو کبھی جو ذرہ ہے وہ اپنی جگہ کائنات ہے

☆

گلوں سے پُر بھی یہ صحنِ چمن ہے بھرا غنچوں میں بھی مشکِ ختن ہے

عجب شان اور حشمت میں بھی عثماںؔ جہاں کہتا ہے یہ مُلکِ دکن ہے

☆

اعلحضرت کے یہاں ایک مُسلسل غزل ملتی ہے۔آپ بھی لُطف اندوز ہوں سے

مے بھی تھی مینا بھی تھا اور ساقیٔ میخانہ تھا

بزم تھی آراستہ اور جلوۂ جانانہ تھا

پھُول کھِلنے سے ہوا سارا چمن رشکِ جناں

بُلبلوں کا اس لئے انداز کچھ مستانہ تھا

بُجھ گیا وہ دل کہ جس میں تھا ہجومِ آرزو

گُل ہوی وہ شمع جس کا اک جہاں پروانہ تھا

نکہتِ دل بھی ہوا خواہِ عنادل ہوگئی

اور یگانہ ہوگیا جو سبزۂ بیگانہ تھا

شاہدِ گل پر نہ کیوں وارفتہ ہوتیں بلبلیں
جبکہ خود گلچیں بھی اُس کے حُسن کا دیوانہ تھا
اپنی خُوبی پر تھا اِتراتا ہر اک غُنچہ دہن
قُمریوں کا سرو سے برتاؤ بے باکانہ تھا
دیکھ کر یہ رنگ عشاق اس طرح گویا ہوا
خواب تھا جو کچھ کہ دیکھا جو سُنا افسانہ تھا

☆

☆

اعلیحضرت کی غزلیات بالعموم مختصر ہیں، ہر غزل کے اوپر لازماً ایک

قطعہ ہے۔اکثر نعت و منقبت پر مشتمل، ان مختصر غزلوں میں بھی دو ایک شعر نعت و منقبت کے ہوتے ہیں۔

اعلیٰحضرت کے کلام میں بعض الفاظ زیادہ کام میں لائے گئے ہیں ، جیسے ممدوح کے رُجحانِ طبع و تخیل کو اُن سے بڑا سہارا ملتا ہو۔بعض یہ ہیں۔خُمِ غدیر، نجف، بوترابؑ، طٰہٰ، صدف، دُرِ ثمیں، خمر، گلاب، میخانہ، وغیرہ۔اسی طرح فارسی کلام میں بعض تاکیدی کلمات کا استعمال نُمایاں ہے۔مثلاً تو ، بہ بیں ، نگر، تو نگر۔(دیکھ لو) دان تو، شنو وغیرہ۔

پچھلے کم و بیش ڈیڑھ سو سال میں اُردو شعر و ادب نے جن مختلف تحریکوں اداروں اور اکابر کے سہارے جیسی حیرت انگیز ترقی کی ہے وہ ہندوستان کی دوسری زبانوں یا شعر و ادب میں مشکل سے نظر آئے گی۔اس ترقی کے شمالی ہند مرکزوں سے قطع نظر دکن سے فارسی اور اردو شعر و ادب کے عُروج کا جو گہرا لسانی، تہذیبی رشتہ بہمنی سلطنت سے لے کر عہدِ آصفی تک رہا ہے اس کی مثال شمالی ہند میں بھی باستثنائے چند حکمرانوں کے عہد کے مشکل سے ملے گی۔یہاں تک کہ علم و ادب کی سرپرستی میں مُغلیہ سلطنت کے بعض اُمرا جس دریا دلی

سے کام لیتے تھے' اس سے کچھ کم کارنامے عہد آصفیہ کے امرائے دولت کے بلا تخصیص مذہب و ملت نہیں ہیں۔ علم و ہنر اور ارباب کمال کی سرپرستی اور حوصلہ افزائی کے اعتبار سے یہ اُمرائے کبار کبھی کبھی خاندانِ برمکہ (عہد دولتِ عباسیہ بغداد) کی یاد تازہ کرتے تھے۔ اس کے علاوہ جس عالی حوصلگی اور وسعتِ نظر سے اعلحضرت کے عہد اور شاہی سرپرستی میں جن اُولوالعزم اعیان و اکابر سلطنت کی تحریک و تعاون سے عثمانیہ یونیورسٹی وجود میں آئی اور ہندوستان کی علاقائی زبانوں میں ہمہ علاقائی زبان اُردو کو یہ درجہ حاصل ہوا جس آزادی، آسانی اور کامیابی سے اس زبان میں کم و بیش تیس[۳۰] سال یونیورسٹی کی اعلیٰ سطح پر ہر مضمون اور فن کی تعلیم دی گئی اور اندرون و بیرون ملک کی معیاری یونیورسٹیوں نے اس کے فارغ التحصیل طلبا کو اپنایا وہ ہندوستانی زبانوں کی تقدیر کا ایک روشن باب اور عظیم بشارت تھی۔ اس کے علاوہ دائرۃ المعارف کے اعلیٰ تحقیقی اور تاریخی کارناموں سے علوم اسلامی کو جیسا فروغ اور نشر و اشاعت نصیب ہوی وہ بھی علوم مشرقیہ کی تاریخ میں کبھی بھلائی نہ جا سکے گی۔

وضع روزگار

اعلیٰحضرت نے اپنی عُمر میں زمانے کے بہت سے نشیب وفراز دیکھے۔ آخری مُغل شہنشاہ بہادرشاہ ظَفَراور خانوادۂ آصفیہ کے آخری فرمانروا میرعثمان علی خاں آصف جاہ سابع بیشترلحاظ سے ایک دوسرے سے بہت مماثل ہیں۔ یہ دونوں اپنی محرومی وبربادی دیکھنے کے لئے دیرتک زندہ رہے۔ ایک جلاوطنی میں دوسرا اپنی ہی بارگاہِ بام ودرمیں۔ شاہ ظَفَر کی شاعری میں "دَورِ گدایانہ کا کرب" جا بجا ملتاہے۔ ناممکن تھاکہ میرعثمان علی خاں کی شاعری میں "وضع روزگار" کاغم نہ ملے۔ ٹھُمریاں لکھنے کادونوں کوشوق تھا۔ اس کاایک سبب یہ بتایا جاتا ہے کہ شاہ ظَفَراس طرح کے گانے تصنیف کرکے مُغنیّوں سے سُننے کے شائق تھے ممکن ہے اعلیٰحضرت بھی ہوں لیکن زیادہ قرینِ قیاس یہ ہے کہ عُمر کے آخر حصّہ میں جب حیات اور حکومت کاآفتاب ڈوبنے کے قریب ہوتاہے اوریاس وتنہائی اور خاموشی کے سائے اورسردی بڑھنے لگتی ہے تو اسی طرح کے غمناک راگوں میں پناہ لینے سے تسکین ملتی ہے۔ کاش اعلیٰحضرت کاکلام تاریخ وار مُرتب کیاجاسکتا تاکہ معلوم ہوسکتا کہ سوزِ غم اوردرد وداغ کہاں کہاں اور

کیسے آئے۔ تاہم بعض اشعار خواہ وہ کسی دور کے ہوں یا تو حقیقت حال ہیں یا اندیشۂ فردا۔ ملاحظہ ہوں :۔

ستم کا دور رہا بار بار ہم پر بھی نہ پوچھ کیسے تھے یہ روزگار ہم پر بھی
بتائیں کیا تمہیں قصے زمان ماضی کے گزر چکے ہیں یہ لیل ونہار ہم پر بھی

☆

فلک کے جور سے سب لطف مٹ گیا عثماں نہ مے رہی نہ وہ صحبت نہ یار باقی ہے

☆

اک نہ اک طرح تمہیں عمر کو اپنی عثماں جھیل کر آفت و آلام بسر کرنا ہے

☆

گردشِ انقلاب سے عثماں آج دنیا تباہ ہوتی ہے

☆

سابق کے رنگ ڈھنگ وہ عثماں بدل گئے منظر نئے نئے ہیں قرینے نئے نئے

☆

وہ "شہ عثمانؔ" جو کسی زمانے میں کہتا تھا:۔

جبہ سا خاکِ دکن پر آج ہے سارا جہاں

مُلکِ دارا اور ہے اقبالِ عثمانؔ اور ہے

یا، یہ دُنیا کہتی جاتی ہے صداقت کی قسم کھا کر

عروج و شان و شوکت میں ذرا ملکِ دکن دیکھو

یا، زمانہ کہتا ہے بے لاگ عثمانؔ

ہر اک کو آس ہے تیرے ہی در سے

☆

یکسر بدلے ہوئے حالات میں اُس کا یہ لہجہ کتنا حزیں

ہے:۔

کس نے ملایا بادہ میں سَم کچھ نہ پوچھئے

کیا کیا ہوئے ہیں ہم پہ ستم کچھ نہ پوچھئے

☆

زمانے کے حالات کا ہے اثر
مری زیست مجھ پر گراں ہوگئی

☆

عثماںؔ ز انقلاب جہاں راگریز نیست
از وضع روزگار شکایت چہ میکنی

☆

رشید احمد صدیقی
ذاکر باغ ، مسلم یونیورسٹی، علی گڑھ

۷۸۶
۹۲

کلامِ اُردو

الگ ہے سب سے مرا رنگِ مشرب اے عثماںؔ
مُریدِ شیخ کا ہوں میں نہ بادہ خواروں کا

قطعہ

مستِ نگاہِ ناز ہوں ساقیٔ بے نیاز کا
قبلہ گیا ہوں بھول ہیں رُخ ہو کدھر نماز کا

دل کا نظارہ حرم مدِ نظر ہے اے خدا
سُرمہ نصیبِ چشم ہو گرد رہِ حجاز کا

حمد و نعتِ شریف

دل کو خدا نے اپنی محبت سے بھر دیا
تسبیح کو زبان دی سجدہ کو سر دیا

نازاں ہیں اِس عطا پہ غلامانِ مصطفیٰؐ
ہم کو دیا رسولؐ تو خیر البشر دیا

رُتبہ بلند ہو گیا اِس مُشتِ خاک کا
جب بارِ عشق اُس نے مرے سر پہ دھر دیا

کس مُنہ سے شکرِ ایزدِ باری ادا کروں
ناچیز تھا سو اس کو بھی اک چیز کر دیا

ہر درد، ہر بلا سے بچانے کے واسطے
تاثیر دی دُعا میں دوا میں اثر دیا

گو میں گناہگار تھا لیکن زہے نصیب
رحمت نے ہر گنہ سے مجھے پاک کر دیا

عثمانؔ یہ اُس کا فضل ہے تجھ پر کہ بے سوال
نعمت سے اپنی دامنِ مقصود بھر دیا

قطعہ

تجھ سا سرورؐ ہے کہاں تاجِ فتحنا والے ‏‏ اے شہنشاہِ عرب یثرب و بطحیٰ والے
ہم تو ہیں کعبۂ ابرو کے ترے سجدہ گزار ‏‏ اے شۂ ختمِ رسل گنبدِ خضریٰ والے

نعتِ شریف

آج ہم نے رُخِ پُر نور کا جلوہ دیکھا ‏‏ شانِ معبود کا آنکھوں سے تماشا دیکھا
قابلِ دید ہے اس دیکھنے والے کا جگر ‏‏ جس نے بے پردہ ترے حُسن کا جلوا دیکھا
دل ہے وہ دل کہ رہے جس میں تصوّر تیرا ‏‏ آنکھ وہ آنکھ ہے جس نے رُخِ زیبا دیکھا
کونسا وصف تمہارا ہو بیاں شاہِ رسلؐ ‏‏ حق تو یہ ہے تمہیں ہر شان میں یکتا دیکھا
اے زہے بخت کہ طیبہ میں پہنچ کر ہم نے ‏‏ حبذا صلِّ علیٰ نورِ خدا کا دیکھا
ہر نبی کو تھی زمانہ میں فضیلت لیکن ‏‏ ہم نے اُن سب سے تمہیں افضل و اعلیٰ دیکھا

وہ بھی دن آئے کہ عثمانؔ بھی کہے خوش ہو کر
شکر ہے آج مزارِ شۂ والا دیکھا

قطعہ

بجز صبا کوئی بُوئے گلاب کیا جانے
مرے سوا کوئی کیفِ شراب کیا جانے

جو نا شناس ہو اَسرارِ رب کے اے عثمان
بھلا وہ مرتبۂ بُوتراب کیا جانے

نعتِ شریف

احمدؐ سا کوئی اور بشر ہو نہیں سکتا
اللہ کا منظورِ نظر ہو نہیں سکتا

محبوبؐ کو خالق نے وہاں اپنے بُلایا
جس جا پہ فرشتوں کا گزر ہو نہیں سکتا

جس شخص کے دل میں ہے محمدؐ کی محبت
ہرگز وہ سزاوارِ سقر ہو نہیں سکتا

اے دستِ خدا جس پہ کرم آپ کا ہو جائے
وہ اور کا پھر دست نگر ہو نہیں سکتا

جو دولتِ دیدارِ محمدؐ کا ہے خواہاں
وہ بندۂ حق بندۂ زر ہو نہیں سکتا

جس دل میں محبت نہ ہو محبوبِ خدا کی
وہ دل کبھی اللہ کا گھر ہو نہیں سکتا

عثمان یہ ہُوا معجزہ احمدؐ سے وگرنہ
شق چرخ پہ اِس طرح قمر ہو نہیں سکتا

قطعہ

ارضِ نجف بھی دیکھ لے کیا جلوہ گاہ ہے
میرے لئے تو کربلا جنّت کی راہ ہے
گرچہ نماز ہوتی ہے ہر روز پانچ وقت
لیکن نمازِ عشق پسندِ الٰہ ہے

نعتِ شریف

آستانِ مصطفیٰ پر میں نے جب سر رکھ دیا
رحمتِ باری نے اپنا ہاتھ سر پر رکھ دیا
قدسیوں نے جب شبِ معراج دیکھا آپؐ کو
پائے اقدس پر سرِ تسلیم جھک کر رکھ دیا
آگیا وقتِ تلاوت رُوئے حضرتؐ کا خیال
سامنے قرآں کے قرآں کس نے لاکر رکھ دیا
نورِ احمد سے فقط روئے زمیں روشن نہیں
اِک فلک پر بھی چراغِ مہرِ انور رکھ دیا
کاتبِ اعمال نے پاکر اشارہ آپؐ کا
طاقِ نسیاں پر مرے عصیاں کا دفتر رکھ دیا
سرد ہوکر رہ گئی نارِ جہنم روزِ حشر
ہم نے دوزخ پر جو اپنا دامنِ تر رکھ دیا
ہوگئی عثماںؔ غم واندوہِ دُنیا سے نجات
روضۂ شاہِ عرب پر جاکے جب سَر رکھ دیا

قطعہ

ضیائے رُوئے احمدؐ سے ابھی روشن ہو گھر میرا
کشش اپنی ذرا دکھلا دے جذبِ دل اگر میرا

لبوں پر آ گئی جانِ حزیں طُولِ شبِ غم سے
صبا کہہ دے مدینہ جا کے حالِ مختصر میرا

نعتِ شریف

پردہ ہمارا کاشفِ اسرار ہو گیا
جب آنکھ بند ہو گئی دیدار ہو گیا

دل میں جو نُورِ عشقِ نبیؐ جلوہ گر ہوا
سینہ ہمارا مطلعِ انوار ہو گیا

سُن سُن کے شُہرہ ہَیں ترے برقِ جمال کا
موسیٰؑ کی طرح طالبِ دیدار ہو گیا

مولا ترے کرم سے ہے اُمیدِ مُخلصی
ہر چند آفتوں میں گرفتار ہو گیا

سمجھیں گے ہم کہ دولتِ جاوید مل گئی
جس دن رسولِ پاک کا دیدار ہو گیا

اللہ کے حبیبؐ سے اُلفت ہوئی جسے
اُس کا شفیع احمدِ مختار ہو گیا

عثماںؔ شہِ اُمم کا یہ دَر پردہ فیض ہے
رازِ نہفتہ سے مَیں خبردار ہو گیا

قطعہ

سب رسولوں پہ ہے یُوں ختمِ رُسل کو تفضیل جیسے قرآں پہ توریت و زبور و انجیل

قدِ بے سایہ ہے شاہد کہ شہِ طیبہ کا نہ ہے ثانی نہ ہے ہمسر نہ ہے کوئی تمثیل

نعتِ شریف

چھایا ہُوا جو عالمِ امکاں میں نُور تھا دیکھا جو غور سے تو اُسی کا ظہور تھا

غش آ گیا تجلیِ طیبہ کو دیکھ کر ہر ذرّہ اس زمیں کا مجھے برقِ طُور تھا

جس پر نگاہِ لُطفِ نبیؐ تھی وہ حشر میں مقبولِ بارگاہِ خدائے غفور تھا

ہم کوچۂ نبیؐ پہ فدا عمر بھر رہے جنّت کا تھا خیال نہ اَرمانِ حُور تھا

حُبِ نبیؐ سے مست نہ ہم ہوتے کس طرح حصّہ میں اپنے جامِ شرابِ طہور تھا

پُوچھو نہ میرا حال فراقِ رسُولؐ میں آنکھیں تھیں اشکبار تو دل ناصبور تھا

رحمت سے اُس کی ہوگئی عثماںؔ مری نجات

گو میں گناہگار سراپا قصور تھا

قطعہ

شبِ معراج جب سرورِ عزت مآب آئے
سریرِ عرشِ اعلیٰ کی طرف الاخطاب آئے
اُدھر نازل ہوا فرقاں میں سبحان الذی اسریٰ
اِدھر اک دم میں جا کر صاحبِ اُمِ الکتاب آئے

نعتِ شریف

چہرہ ہے عجب مطلعِ انوار تمہارا
ہے ماہ بھی اک پرتوِ رخسار تمہارا

رتبہ ہے بڑا اے مرے سرکار تمہارا
اللہ کا دربار ہے دربار تمہارا

شیدا ہوں میں اے سیدِ ابرار تمہارا
نام آتا ہے لب پر مرے ہربار تمہارا

کچھ تو نظر آتا ہے جو اے فخرِ مسیحا
آزاد ہے دنیا سے گرفتار تمہارا

کچھ قیدِ تعلق ہے نہ مطلب ہے کسی سے
حاضر ہے یہ مجرم یہ خطاوار تمہارا

رشکِ گلِ فردوس ہے ہر داغِ ندامت
کیوں کر نہ کرے ناز گنہگار تمہارا

ہنگامۂ محشر کا ہے کیا غم تمہیں عثماں
حامی ہے وہاں احمدِ مختار تمہارا

قطعہ

تاج ہے فرقِ نبیؐ پر فتدلیٰ کیا ہے		قابَ قوسین سے ظاہر ہی کہ رتبا کیا ہے
منکرِ قولِ شفاعت سے یہ پوچھے کوئی		معنیٔ آیتِ یُعطیکَ فترضیٰ کیا ہے

نعتِ شریف

شامل ہے رنگِ جام میں رنگیں شراب بھی		پینے میں جس کے ہوگیا حاصل ثواب بھی
جز مرتضیٰ نبیؐ کا نہ تھا کوئی جانشیں		فتوے میں ہے شریک خدا کی کتاب بھی
کہتی ہے یہ صداقتِ دینی بصد خلوص		پیروِ علیؑ کے رکھتے نہیں ہیں جواب بھی
بادِ سحر نے چاک کیا اپنے ہاتھ سے		ڈھا کر رہی ہے ظلم گلوں پر نقاب بھی
عاصی یہ کہتے جاتے ہیں سر کو جھکا کے آج		بخشش کے واسطے ہیں رسالتمآبؐ بھی
عنواں یہ بن گیا تھا پئے ذاتِ مرتضیٰ		بہرِ خطیب منبرِ کوفہ خطاب بھی

عثماںؔ یہ ہے کرشمۂ قدرت کا فیصلہ
پیری کے ساتھ مل کے رہا ہے شباب بھی

قطعہ

بنایا شیخ کو دن رات دنیا میں مُناجاتی
اِدھر بھی رند کو درجہ ملا کیسا خرا باتی

خدا نے مُصحفِ پاک و مطہر میں سے چُن چُن کر
ہمارے واسطے پیدا کیے اَلواحِ آیا تی

نعتِ شریف

عجب رتبہ ہے دیکھو مصطفیٰؐ کا
بہت اعلیٰ ہے پایہ مرتضیٰؓ کا

چمن گونجا ہے جس سے فصلِ گُل میں
عجب نغمہ ہے مرغِ بے نوا کا

شگفتہ کر کے رکھنا گُل کو ہر وقت
عجب ہے شعبدہ بادِ صبا کا

جِلایا جاں بلب کو آخری وقت
عجب شہرہ ہے تاثیرِ دوا کا

چمن میں باغ میں صحرا میں دیکھو
عجب جلوہ ہے یہ رنگِ حنا کا

خُراساں کہتا ہے سلطاں ہے میرا
لقب بھی خوب ہے موسیٰ رضاؒ کا

دکن کے واسطے عثماںؔ کہوں کیا
ہمیشہ فیض ہے دستِ خدا کا

قطعہ

لذت عجیب آج ہے مے کے سُرور میں جلوہ بھی خوب آج ہے یہ کوہِ طُور میں
شہرِ نجف سے آتی ہے کانوں میں یہ صدا عثماںؔ ہے آج شاہِ نجف کے حضور میں

نعتِ شریف

کچھ وصف رقم ہو جو شہِ کون و مکاں کا مُنہ چُوم لیں قُدسی مرے کلکِ دُو زباں کا
مدّاح ہوں میں دل سے شہِ ہر دو جہاں کا جبریلؑ بھی شاہد ہے مرے حُسنِ بیاں کا
یارب مری اُمّید ذرا جلد بر آئے مُشتاق ہوں دیدارِ شہِ کون و مکاں کا
صحرائے مدینہ میں ہُوا جب گزر اپنا پھر پھر گیا نقشہ مری آنکھوں میں جناں کا
پہنچے شبِ معراج وہاں سرورِ عالم جس جا پہ نہیں دخل فرشتوں کے گماں کا
ہر نقشِ قدم آپ کا فردوس میں شاہا آئینہ بنا ہے رُخِ حُورانِ جناں کا

اُڑ جائے وہ عثماںؔ طرف گلشنِ طیبہ
جس وقت قفس ٹوٹے مرے طائرِ جاں کا

قطعہ

مصلحت تھی یہی حضرت کے یہاں آنے میں — تیرگی تا نہ رہے دہر کے کاشانے میں
جب ہوا مہرِ عرب جلوہ نما اے عثمان — سرنگوں بت پئے سجدہ ہوئے بتخانے میں

نعتِ شریف

یا خدا اوج پہ آئے یہ مقدر اپنا — قدمِ پاک پیمبرؐ کے ہوں اور سر اپنا
شکلِ موسیٰ نہ رہے دید کی حسرت مجھ کو — دل تڑپتا ہے دکھا دو رخِ انور اپنا
رہنمائی کی ضرورت نہیں اے حضرتِ خضر — منزلِ عشق میں خود شوق ہے رہبر اپنا
میں یہ سمجھوں چمنِ خلد مرے ہاتھ آیا — دشتِ یثرب کو جو لے جائے مقدر اپنا
تشنہ کامی کے اٹھاؤں میں کہاں تک صدمے — حال ابتر ہے بہت ساقیٔ کوثر اپنا
خواب میں دولتِ پابوس ہوی مجھ کو نصیب — واہ کیا آج ہے بیدار مقدر اپنا

خوف پھر پرسشِ اعمال کا کیا ہو عثمان
ہوگا حامی جو وہاں شافعِ محشر اپنا

قطعہ

حضورِ پاکؐ میں نذرانہ صلِّ علیٰ کیجے
صفات و نعت لکھئے مدح و تحسین ثنا کیجے

کمالِ دین و ایماں کی اگر خواہش ہے اے عثماںؔ
خدائے پاک سے حُبِ نبیؐ کی التجا کیجے

نعت شریف

طیبہ کی طرف ہم تو چلے گھر سے نکل کر
آئیں گے نہ اب روضۂ سرورؐ سے نکل کر

کچھ حاجتِ رہبر نہیں طیبہ کے سفر میں
دل آگے چلا جاتا ہے رہبر سے نکل کر

اللہ رے جمالِ رُخِ احمدؐ کی تجلی
اک نور چھنا جاتا ہے چادر سے نکل کر

اِترائے ہوئے پھرتے ہیں محشر میں گنہگار
کیا کہہ دیا رحمت نے برابر سے نکل کر

رحمت تری لے جائے اسے خُلدِ بریں کو
جب جان چلے اس تنِ لاغر سے نکل کر

حضرتؐ کی بدولت نہیں کچھ خوفِ معاصی
جنت کو چلا جاؤں گا محشر سے نکل کر

ہر وقت یہ عثماںؔ کی دعا ہے کہ خدایا
جاؤں نہ رہِ حُبِ پیمبرؐ سے نکل کر

قطعہ

شعورِ عقل سے مَیں معنیٔ طٰہٰ سمجھتا ہوں   علیؑ کے واسطے یہ منزلِ اعلیٰ سمجھتا ہوں
نِدا آتی ہے کوہِ طور سے کانوں میں یہ پیہم   میں اعجازِ کلیم اللہ یدِ بیضا سمجھتا ہوں

نعتِ شریف

جلوۂ دینِ مُبیں قرآں میں ہے   رُوئے احمدؐ قلب میں اور جاں میں ہے
گُل سے کہتے ہیں یہ مُرغانِ چمن   آمدِ بادِ صبا بُستاں میں ہے
خُوش عقائد کی یہی تشریح کر   سارا جذبہ دیکھ لے ایماں میں ہے
لاکھ پردے میں ہو یہ کہتی ہے آنکھ   خوبیٔ دُر قطرۂ نیساں میں ہے
شُور ہے میلاد کا گلزار میں   مرغِ نغمہ خواں بہارستاں میں ہے
آرہی ہے اب بہارِ جانفزا   تازگی کیا سبزہ و ریحاں میں ہے

اَرضِ بطحیٰ ہو کہ عثماق یا نجف
نام اِن دونوں کا عزّ و شاں میں ہے

قطعہ

بادۂ عیدِ امیری کو مُصفّا دیکھو — اور نجف کو بھی عجب قصرِ مُعلّیٰ دیکھو
سینۂ صہرِ نبیؐ میں یہ ہمیشہ سُن لو — جلوہ افروز ہے یہ سُورۂ طٰہٰ دیکھو

منقبت

رُتبہ ملا علیؑ کو ہے رَبِّ قدیر سے — روشن ہُوا ہے نام بھی اسمِ کبیر سے
سُن لو کہ جانشینِ پیمبر علیؑ ہُوئے — اعلان بھی ہُوا ہے یہ خُمِ غدیر سے
کہتے ہیں یہ عُلومِ لدنی بھی ناز سے — عالَم بنا ہے گردشِ کِلکِ دبیر سے
مَولد یہ کہتا جاتا ہے پیشِ جہاں یہی — روشن ہُوا ہے کعبہ بھی بدرِ منیر سے
مولا علیؑ کے لب پہ تھا مُصحف رَواں رَواں — سیکھا اُنھوں نے علم خدائے قدیر سے
کہتا ریاضِ خُلد ہے ارضِ نجف سے بھی — گُونجا ہے باغ آج یہ بانگِ صفیر سے

فرمایا مصطفٰےؐ نے اے عثماںؔ یہ بار بار
قوت بڑھی ہے دیں کی جنابِ امیرؑ سے

قطعہ

تاثیر کچھ عجیب ہی ذکرِ خدا کی ہے — لذت ہر اِک نفَس میں فنا و بقا کی ہے
صوتِ الست ہے جو بھری گوشِ ہوش میں — تسبیح رات دن ہمیں قالُو بلیٰ کی ہے

سلام

مُجرئی سفاکیٔ چرخِ ستمگر دیکھنا — کٹ گیا تیغِ ستم سے حلقِ سرور دیکھنا
ہے اُسی کا لختِ دل بے یار و یاور دیکھنا — ہاتھ پر جس کے ہوئی تھی فتحِ خیبر دیکھنا
تین دن سے کربلا کے دشتِ محشر خیز میں — تشنہ ہے ابنِ قسیمِ حوضِ کوثر دیکھنا
تیغ در کف رن میں نکلے ہیں شہِ گردوں جناب — ذُوالفقارِ حیدریؑ کے آج جوہر دیکھنا

ق

خط میں صغرا نے یہ لکھا حضرتِ شبیرؑ کو — آپ کو منظور ہے کیا مجھ کو مضطر دیکھنا
بابا جاں بہرِ خدا دیدار دکھلاؤ مجھے — میرے نالوں سے بپا ہے شورِ محشر دیکھنا

پھوٹ کر کہتا ہے عشاق بحرِ ہستی میں حباب
آنکھ کھولو ہے بنا اس کی ہوا پر دیکھنا

قطعہ

نیا رنگِ عزا عثمانؔ جما شبیرؑ کے غم سے
چمن میں وزمنہ دھوتی ہیں کلیاں اشکِ شبنم سے
اِدھر آنکھوں کو مشغولی اُدھر ہاتھوں کو مصروفی
نہ فرصت اِن کو رونے سے نہ فرصت انکو ماتم سے

سلام

کیا دو مہد میں اژدر کو حیدرؑ ہو تو ایسا ہو
بتا دے راہِ گم گشتہ کو رہبر ہو تو ایسا ہو
رکھے دوشِ نبیؐ پر پاؤں دہا تھوں سے بُت توڑے
جہاں میں فری شرف اللہ اکبر ہو تو ایسا ہو
درِ خیبر اُکھاڑا اک اشارہ سے زہے قوت
خُدائی میں خُدا کی زور آور ہو تو ایسا ہو
قوی دل بُت شکن شمشیر زن قلعہ کُشا صفدرؑ
سپاہِ احمدِ مرسلؐ کا افسر ہو تو ایسا ہو
نزولِ لافتیٰ اِلّا علیؑ ہے شان میں جس کی
جہاں میں صاحبِ تیغِ دو پیکر ہو تو ایسا ہو
دو عالم کا ہُوا سرتاج سر دے کر رہِ حق میں
علیؑ کا لختِ دل سبطِ پیمبرؐ ہو تو ایسا ہو
وہ حُسنِ بیاں شبیرؑ کی توصیف میں عثمانؔ
سخن خود ہی پکار اُٹھے سخنور ہو تو ایسا ہو

قطعہ

جاں نثاری میں ہماری کوئی خامی نہ رہی
جز حسینؑ ابنِ علیؑ ذاتِ گرامی نہ رہی

قصہ کرب و بلا کہتا ہے کر کے افسوس
آج دُنیا میں کوئی وقعتِ شامی نہ رہی

سلام

آج ہے منظور وصفِ جعفرِؑ ثانی مجھے
طبعِ موزوں تو دکھا دے اپنی جولانی مجھے

ناز ہے مشکل کشاؑ پر مجھ کو اے بحرِ گنہ
کیا ضرر پہنچائے گی پھر تیری طغیانی مجھے

بو ترابی ہوں فشارِ قبر کا کیا ہو ہراس
خاک دے سکتی نہیں ایذائے جسمانی مجھے

چشمِ گریاں سے غمِ سرورؑ میں گوہر بار ہوں
رات دن رہتا ہے یہ شغلِ دُرافشانی مجھے

کھینچ دوں نقشہ جو ہم شکلِ نبیؐ کا شعر میں
داد دے بہزاد مجھ کو مان لے مانیؔ مجھے

گو سراپا جرمِ عصیاں ہوں مگر کچھ غم نہیں
بخشوا لے گی قیامت میں پشیمانی مجھے

شبرؑ و شبیرؑ کی مدحت کا عثمانؔ ہے یہ فیض
مل گیا ہے رتبۂ سعدی و خاقانی مجھے

قطعہ

دُنیا میں نیک نام رہے ہم جہاں رہے
کیا غم چمن میں اپنا نہ گر آشیاں رہے

ماہِ عزا یہ کہتا ہے سارے جہاں میں ہم
ہر دم غمِ حسینؓ میں ماتم کُناں رہے

سلام

آنکھ رُوتی ہے شہیدِ کربلا کے واسطے
دل تڑپتا ہے اسیرانِ بَلا کے واسطے

دردِ دل ہمدرد ہے میرا غمِ شبّیرؓ میں
ملتجی کیوں ہوں میں عیسیٰؑ سے دوا کے واسطے

کیا قیامت ہے کہ ٹھہرے بُوسہ گاہِ مصطفیٰؐ
تیغ و خنجر کے لئے تیرِ جفا کے واسطے

ذُوالفقارِ حیدریؓ کچھ ایسی تیزی سے چلی
ہو گئی چلنے کو دشواری ہَوا کے واسطے

اِس کو مارا اُس کو کاٹا یہ گرا وہ چل بسا
تیغ کیا تھی اک بہانہ تھا قضا کے واسطے

عرصہ گاہِ رزم میں اِس شان سے آئے حسینؓ
ہو گئے مجبور اَعدا بھی ثنا کے واسطے

گنبدِ خضرا کا سایہ سر پہ ہے عثماںؔ مرے
کیوں رہوں گرمِ طلب ظلِّ ہُما کے واسطے

قطعہ

چمکا ہے دینِ حق کا رسالتمآبؐ سے
پھیلا ہے علمِ دینِ مُبیں بُوترابؑ سے

عظمت میں دونوں بھائی کی عثماںؔ میں کیا کہوں
معلوم ہوگیا مجھے اُمّ الکتاب سے

سلام

بہائے اشک جو چشمِ پُرآب سے پہلے
گھرملیں اُسے شہؑ کی جناب سے پہلے

علیؑ پئے مدد آتے ہیں اے لحد دم لے
فشار دے نہ مجھے بُوترابؑ سے پہلے

ثنائے آلِ نبیؐ ہم نے کی ہے جب آغاز
زبان دُھوئی ہے برسوں گلاب سے پہلے

چلے حسینؑ جو میداں میں سر کٹانے کو
سکینہؑ دَوڑ کے لپٹی رکاب سے پہلے

زباں وہ خشک ہوی آہ روزِ عاشورہ
جو تَر ہوی تھی نبیؐ کے لُعاب سے پہلے

قضا پہنچتی تھی لینے کو سرِ لعینوں کے
صفوں میں شاہ کی تیغِ پُرآب سے پہلے

رُخِ حسینؑ کی تشبیہ دے اگر عثماںؔ
تو داغ دُور کرے ماہتاب سے پہلے

قطعہ

آفتاب آج سرِ بام تو ہے — میکشی آج سرِ شام تو ہے
دور ہو مے کا کہ ہے عیدِ غدیر — گر صراحی نہ سہی جام تو ہے

سلام

ثنائے اہلبیتِ مصطفیٰ میں فکر حیراں ہے — کہ خود تطہیر کا جن کے وثیقہ نصِ قرآں ہے
خصوصاً نورِ عینِ خاتمِ پیغمبراں - یعنے — حسینؑ ابن علیؑ اس شاہِ دیں کا نام ذیشاں ہے
دیا ہے بے نہایت فضل اُس کو حق تعالےٰ نے — کہ جن کی ذات محبوبِ خدا کی راحتِ جاں ہے
گلستانِ رسولؐ اللہ کا ہے وہ گلِ خنداں — سپہرِ دینِ پاکِ مصطفیٰؐ کا مہرِ تاباں ہے
وہ کانِ منقبت بحرِ فضیلت مظہرِ رحمت — شہادت مفتخر ہے اور امامت ان پہ نازاں ہے
جمالِ احمدی کا ہے وہ جسمِ پاک آئینہ — کہ سر سے تا قدم نورِ خدا جس سے نمایاں ہے

وہ ہمت تھی کہ عشاق راہِ حق میں جاں فدا کر دی
اسی باعث لقب اُن کو ملا شاہِ شہیداں ہے

قطعہ

حق میں بُلبل کے کیا بُرائی ہے ہو کے پابند بھی رہائی ہے
کر کے سجدہ حضورِ حیدرؑ میں میں نے دل کی مُراد پائی ہے

سلام

ذکرِ حسینؑ آج بھی فُرقاں کے ساتھ ہے ہر جاں نثار شاہِ شہیداں کے ساتھ ہے
مل کر رہا شہادتِ کبریٰ سے یہ ثبوت شبّیرؑ بھی تو مسندِ ذیشاں کے ساتھ ہے
خدّامِ کربلا یہی کہتے ہیں فخر سے یادِ حسینؑ اپنے دل و جاں کے ساتھ ہے
آنکھوں سے جو شہادتِ شبّیرؑ پر گرا ہر قطرہ اشک کا دُرِ غلطاں کے ساتھ ہے
ظلم و جفا سے کرب و بلا میں جو تھا بہا خونِ شہید لعلِ بدخشاں کے ساتھ ہے
اُڑتی چمن میں خاک ہے، مُرجھا گئے ہیں پھول بادِ خزاں بھی آج گلستاں کے ساتھ ہے

عثماںؔ ذرا تو دیکھ لے قسمت کی یاوری
ایماں ہمارا آج بھی فُرقاں کے ساتھ ہے

قطعہ

غمِ حسینؑ میں جو چشمِ تر نہیں رکھتے
یہ وہ طیور ہیں جو بال و پر نہیں رکھتے

فدائے ذاتِ علیؑ کے میں کیا کہوں عثمانؔ
سوائے پنجتنِ پاکؑ در نہیں رکھتے

سلام

ہم تو نقشہ کربلا کا دم بدم دیکھا کئے
تختۂ کاغذ پہ گلزارِ ارم دیکھا کئے

کہتی تھیں آنکھیں شہؑ کی شامیوں کے ہاتھ سے
کیا بتائیں صبح سے کیا کیا ستم دیکھا کئے

ہائے عابدؑ کا یہ کہنا حیف ایسی زیست پر
قتل بابا ہو گئے اور آہ ہم دیکھا کئے

کٹ گئے بازو ہوئے مجبور عباسِؑ جری
غیظ سے لیکن سوئے تیغِ دودم دیکھا کئے

ذبح کی تکلیف کیا ہوتی تہِ خنجر حسینؑ
جلوۂ حق جلوۂ شاہِ اُمم دیکھا کئے

کربلا کے وہ مسافر تشنۂ آبِ فُرات
پہنچے سب کوثر پہ ہم نقشِ قدم دیکھا کئے

آفریں عثماںؔ سلام ایسا لکھا تو نے جسے
دیدۂ حیرت سے سب مُعجز رقم دیکھا کئے

قطعہ

دل مست ہوگیا مِرا جامِ شراب سے
دل شاد ہوگیا مِرا رنگِ گلاب سے
تفضیل و منزلت کا علیؑ کی بیاں ہوکیا
معنی نکالتا ہوں میں اُم الکتاب سے

سلام

ہے گلا سرورؑ کا اور قاتل کا خنجر تیز ہے
کربلا کا واقعہ بھی کیا قیامت خیز ہے
چشمِ گریاں ماتمِ شبیرؑ میں لائی ہے رنگ
اِس طرف جو خونچکاں ہے اُس طرف گُل ریز ہے
مدحِ شہؑ میں دیدنی ہے طبع کی جولانیاں
عرصۂ قرطاس پر خامہ مرا شبدیز ہے
بس گئی ہے عطر میں مقتل کی ساری سرزمیں
اکبرِ ذیجاہ کی کیا زُلف عنبر بیز ہے
دامنِ مقصود فیضِ گریہ سے پُر ہو گیا
یہ مُسلسل اشک ہیں یا سلکِ گوہر ریز ہے
سرگزشتِ کربلا سنئے کلیجہ تھام کر
حرف حرف اس داستانِ غم کا درد انگیز ہے
نشہ اُس کا حشر تک عثمانؔ اُتر سکتا نہیں
بادۂ حُبِ علیؑ سے دل مِرا لبریز ہے

قطعہ

رنگ پر فصلِ بہاری میں گلستاں ہونگے	دلِ مرغانِ چمن میں بھی تو ارماں ہونگے
دیکھنا تیری مدد کے لئے عثماںؔ ہر آں	ساتھ حسینؓ کے سُلطانِ خُراساں ہونگے

سلام

یادِ حسینؑ ہے یہ دل و جاں لئے ہوئے	اور کربلا ہے آج عجب شاں لئے ہوئے
گزرا تھا مرحلہ جو لعینوں کے ہاتھ سے	ہنگامہ کو ہے خوابِ پریشاں لئے ہوئے
ٹپکے تھے چشمِ تر سے شہادت کے روز جو	اُن قطروں کو ہے گوہرِ غلطاں لئے ہوئے
دل سے جو بہہ گیا تھا اُسی کے سبب سے آج	خونِ جگر ہے لعلِ بدخشاں لئے ہوئے
کہتے ہیں گُل کہ خونِ شہیدانِ کربلا	صحنِ چمن میں لالۂ نعماں لئے ہوئے
پروانۂ نجات پئے اُمتِ رسولؐ	ہے آج بھی تو حاملِ قرآں لئے ہوئے

زائر بھی کہتے جاتے ہیں عثماںؔ یہ دیکھ کر
شانِ امامؑ کو ہے خراساں لئے ہوئے

قطعہ

بڑھا ہے ذائقہ مے کا تری سے　　مجھے کیا کام ہے حور و پری سے
مرے مولا حقیقت میں جہاں کی　　بڑی رونق تری جلوہ گری سے

سلام

یہ کرنا عرض اے بادِ صبا سبطِ پیمبر سے　　کہ غم میں آپکے دریا رواں ہے دیدۂ تر سے
کہو اشک و فغاں سے ذکر ہوتا ہے شہیدوں کا　　گرجنا ہو جسے گرجے برسنا ہو جسے برسے
خدا کی شان اک قطرہ نہ پہنچا حلق تک شہ کے　　مگر ہے تیغ کا پانی کہ اونچا ہو گیا سر سے
جو دل کے سخت ہیں وہ بھی غمِ سرور میں گریاں ہیں　　عجب تاثیر ہے پانی نکل آتا ہے پتھر سے
مے حبِ نبی میں رات دن ہم مست رہتے ہیں　　نہ خم سے ہے غرض ہم کو نہ شیشے سے نہ ساغر سے
قیامت ہو گی برپا اور میدانِ قیامت میں　　اٹھیں گے ہم جو آنسو پونچھتے دامانِ محشر سے

وہ ہیں اشکِ عزا اپنے بدولت جنکی اے عثماں
چھکایا ساقیٔ کوثر نے ہم کو جامِ کوثر سے